Parfois lorsque je m'évade…

Poèmes

Michel Dupuy

Au gré du temps

© 2022, Michel Dupuy
Édition : BoD – Books on Demand,
12/14 rond-point des Champs-Élysées, 75008 Paris
Impression : BoD - Books on Demand,
Norderstedt, Allemagne
ISBN : 9782322391677
Dépôt légal : Mars 2022

Ils sont peut-être dix
Ils sont peut-être cent
Bien plus encore peut-être
Ils vont au gré du temps
Au gré de leurs humeurs
Et de leurs sentiments
Epars et pensifs

Cohue

Une nappe étalée
Un flot mal contenu
Une armée qui se presse
Visages !
Qui rient qui chantent qui pleurent ou bien crient
Mais que l'on ne voit pas et qui s'ignorent
Visages !
Qui frémissent comme sous une brise
Qui s'animent par vagues
Déferlantes ou pétrifiées
Visages !
Comme un seul
Comme une face unique
Visages !
Un cœur qui bat pour tous
Les corps qui s'associent
Les regards qui percutent
La vie qui se soumet
Visages !
La voix tonitruante
Qui se veut dominante
Et qui domine trop
Visages !
Qui ne peuvent savoir…

J'ai vu passer

J'ai vu passer beaucoup j'ai vu passer longtemps
Sans cesse bousculé par le flot incessant
Toujours renouvelé de ces gens qui s'enfuient
On ne sait devant quoi on ne sait devant qui
J'ai contemplé ces vagues aux multiples aspects
J'ai vu passer des hommes virilement suspects
Des femmes affublées d'accoutrements bizarres
Que je n'ai pas toujours reconnues sous le fard
J'ai vu passer la mort elle n'avait pas sa faux
Mais elle savait faucher les vies de bas en haut
J'ai vu passer la joie et puis beaucoup d'enfants
Bruyants multicolores enflammés plein de sang
J'ai vu passer des pauvres j'ai vu passer des riches
Des gens qui marchent droit et puis des gens qui trichent
Un mendiant loqueteux avec pour guide un chien
Ayant dans le regard et la sébile rien
Deux amoureux serrés bien fort l'un contre l'autre
Ignorant tout le reste et se moquant des autres
Et puis des gens de robe et puis des gens d'épée
Ils n'étaient pas ensemble mais se suivaient de près
J'ai vu de lourds carrosses brillant de mille feux
Conduits par des cochers importants vaniteux
J'ai vu de longs cortèges couverts de banderoles
Tendues par des sans-un chantant la Carmagnole
J'ai vu passer beaucoup j'ai vu passer longtemps

Banlieue

L'histoire s'est arrêtée
Cependant à petites doses insipides chaque chose s'écoule
Doucement… Doucement…
Interminablement
Dans la glu des jours sans fin et pour l'éternité peut-être
Se meuvent les larves de chaque jour
Larves dodues glapissantes et prétentieuses
Larves décharnées à force d'avarice
Larves rampantes et qui n'en finissent pas de ramper
Semblables à force de se voir les visages s'estompent
Hors de la vue… Hors de la vie…
Très vertueusement
Jardins étriqués où l'on retraite la retraite mal gagnée
Cubes sans couleur émergeant si peu de la
                                      fade noirceur du temps
A peine encore majestueux les peupliers se fanent
Dans l'atmosphère poisseuse
Péniblement jadis verdure s'essaye à respirer
Le long du canal défunt
La rivière meurtrie prisonnière s'écoule sans heurts
Sur des déchets que l'on a voulu oublier
Qui se diluent dans ce liquide qui fut eau

Un petit village

Te souviens-tu amie de ce petit village
Où nous avons jadis déposé nos bagages ?
Nous y avons vécu une froide saison
Mais nous l'avons aimé presque sans déraison
Entièrement bâti au flanc de la colline
Et avec tout en haut l'église byzantine
Il règne en empereur sur la verte vallée
Et nul jamais sans doute saura le détrôner
Nous habitions alors près du petit ruisseau
Qui court dans le vallon jusqu'au vaste plan d'eau
Où parfois le dimanche nous allions rêvasser
Que d'heureuses journées là nous avons passées…
Te souviens-tu encore des ruelles mal pavées
Etroites et tortueuses et du petit clocher
Qui chaque soir sans jamais manquer l'heure
Nous sonnait l'angélus et des vieilles demeures
Couvertes de pierres plates par la mousse envahies ?
Et l'auberge à l'enseigne « Rendez-vous des amis »
Réputée pour ses vins et pour sa bonne table ?
Ah oui ! Vraiment ! Ce fut un séjour agréable !

La rivière

La rivière fuit le temps s'enfuit
L'oiseau est parti loin du nid
L'herbe jaunit les feuilles tombent
Des morts on refleurit les tombes

La rivière fuit un arbre est mort
De tout son long de tout son corps
Hier encore il était roi
Et vers les cieux il montait droit

La rivière fuit sans se lasser
Le vieux moulin est délaissé
La grande roue ne tourne plus
Le grain de son temps est moulu

La rivière fuit le rêve passe…

La forêt

Une immensité !
Et du nord au midi… et de l'est au couchant
Au ciel un enchevêtrement
Tendu par des bras monstrueux
Une masse jaillie…
Un monde où l'on se perd…
La vie !
La vie qui germe
La vie exubérante colorée mouvante
       et qui n'en finit pas
La vie qui dort
De ses flancs parfois des fauves écumants
       en hordes impérieuses
Des formes bondissantes que l'œil ne saisit pas
Parfois un mâle altier très fier de sa parure
Et puis dans la pénombre…
Mille bruits
Mille choses qui se meuvent
Des envolées bruissantes et brutales
Un frôlement léger dans l'humus protecteur
La lumière se faufile et d'un mince pinceau
       vient lécher le lézard
Au loin un craquement
     une branche trop vieille qui meurt
Et puis les maîtres séculaires
Acteurs muets

Le grenier de grand-mère

Il est un coin de la maison
De grand-mère où petit garçon
Je trouvais remède à l'ennui
En hiver ou par temps de pluie
Du reste du monde isolé
C'est tout de suite sous les combles
Même de jour dans la pénombre
C'était un endroit fantastique
Où des tas d'objets magnifiques
Remplissaient des coffres immenses
Et des paniers à larges panses
Parmi les toiles d'araignées
Et les vieux meubles empoussiérés
Je retrouvais la solitude
Et des rêves en multitude
Je faisais de très longs voyages
Et que ce soit le Moyen Age
L'Empire ou la Révolution
J'étais toujours en pleine action
Je partais pour l'île au trésor
Je devenais un chercheur d'or
Tour à tour Vasco de Gama
D'Artagnan ou Nestor Burma
De condottiere en pickpocket
J'oubliais l'heure et le dîner
Mais… quand grand-mère m'appelait
Je laissais mes rêves au grenier

Renouveau

Quand revient la saison des labours, des violettes,
Les nuées sont absentes et le vent est docile.
A l'aube le soleil timidement émiette
Un semblant de chaleur pendant que se faufile
Derrière la colline une lune endormie.
Fébrilement l'aronde, nouvellement venue,
Recherche aux toits moussus les restes d'un vieux nid.
Au loin un aboiement par les vallons perçus !
Puis quand l'astre du jour prend un peu de vigueur,
Que l'ombre se retire au profond des forêts,
Alors séchant ses larmes s'épanouit la fleur
Qu'une abeille, timide encor, vient butiner.
Les hommes et leurs servants se sont fait plus véloces,
Dans la plaine fumante ils s'affairent et courent,
Troublant parfois la terre sur leurs engins féroces,
Suivis du hochequeue guettant le ver qui sourd.
Il en sera ainsi durant de longues heures,
La nature qui renaît après un dur hiver
Et l'homme qui se veut un peu de bonheur
Donneront tout le jour leurs forces de concert.
Et quand ayant son soûl et que chacun refuse
Un surcroît de fatigue d'amour et de soleil,
Alors revient le soir et sa clarté diffuse,
Apporter du repos pour un prochain réveil.

Une tour

Je connais une tour
Ventrue massive imprenable
Elle coiffe une colline et domine alentour
Imposante orgueilleuse cependant vénérable
Un bastion ? Une place forte ?
Flanquait-elle une enceinte ?
L'avait-on placée là comme une garanti ?
Ou bien pour prévenir d'une invasion des Maures
Abritait-elle quelques guetteurs hardis ?
Je connais une tour mais elle est pacifique…
A ses abords une haie symbolique
Quelques buissons touffus
L'ombre d'un grand cyprès
Une pâture tendre
Maître Jeannot Lapin y fait mille gambades
Et certains en ces lieux d'une grande quiétude
Un couple de chevreuils a pris ses habitudes
Je connais une tour
Ses flancs débonnaires où s'accroche le lierre
                bruissent de millions d'abeilles
Et dès l'aube arondes et martinets disputent
                aux moineaux son couvre-chef moussu
Et puis
Une note d'amour en bruit de fond diffus
Un doux chant langoureux dès que le jour s'éveille
Couvert parfois par un grand battement d'ailes
                qui se déploient
Les gracieux volatiles qui nichent dans les pierres
S'envolent tour à tour et puis au ciel tournoient
Avant que de choisir un champ fraîchement labouré
Eh oui ! Ma tour à moi est un vieux colombier !

Souvent la nuit…

Souvent le nuit j'écoute le silence
Distiller chaque bruit parcimonieusement
A gouttelettes fuient
Au tic-tac lancinant du réveil besogneux qui s'éveille
                                                        à la nuit
Aux petits cris plaintifs des meubles ankylosés
                                       qui s'étirent d'ennui
Et puis venant d'en haut
Les frissons douloureux de la vieille charpente
Qui gémit quand revient le vent et la tourmente
Je sais les hôtes de ma chambre
Aux poutres vermoulues
Je sais un ver qui laborieusement s'incruste
Un moustique qui vient qui part revient s'arrête
Et puis… à mon oreille bruit
Il s'éloigne à nouveau : j'ai secoué la tête
Dans sa toile vétuste
Je sais une araignée obstinée opiniâtre
Qui sans relâche attend l'imprudent voyageur
Un chien aboie dehors !
La lune qui l'inquiète !
Et puis jetant un sort
Les hululements d'une chouette

Souvent la nuit j'écoute le silence

Jour de pluie

Les méandres d'un cours d'eau qui s'évade
La solitude d'un habitacle malodorant
L'air qui se respire mal
L'horizon qui se recroqueville
Et les coups de baguette ininterrompus
Légers mais obsédants
Qui se répète à longueur de tristesse
Aveugles des larves à peine mouvantes
Misérables des lumières à peine allumées
Interminables des chemins à peine suivis
Et la misère vautrée à même le ruisseau
Et la richesse qui ne veut pas la voir
Et l'agitation désespérante d'agitation
Et la fin qui n'en finit pas
A force de vouloir vivre certains vivent encore
Comme une habitude fatigante mais inévitable
La brume a tout enseveli
Au-delà tout veut tout ignorer
On en sait bien assez quand on a rien appris

Reprends le parapluie bonhomme
Mon bras va être fatigué

A l'heure

A l'heure où la lune livide cache sa clarté blafarde
                                                     derrière les terrils
A l'heure des cafés rhum et des toux malsaines
A l'heure des bars éteints des cendriers engorgés
                                        de mégots des verres sales
A l'heure des fêtards désabusés crachant leur amertume
                                        dans les rigoles nauséabondes
A l'heure du petit crachin déversant la saleté du monde
                                              sur les pavés gluants
A l'heure des bleus de chauffe et des bicyclettes
                                                      mal graissées
Petits matins cafardeux où la vie se dépêtre péniblement
                                                  de la grisaille

Et pendant ce temps-là douillettement se love
                                             l'autre partie du monde

C'est par une nuit

C'est par une nuit étoilée de lucioles défiant
    les nuages lourds d'une glauque saison

C'est par une chaude moiteur qui faisait
    les coeurs accablés les corps immuables

C'est par les alisés innocents pourtant de ce crime

C'est par la bruissante rumeur qui montait
    depuis des siècles des injustices accumulées

C'est par les humiliations la misère la faim
La soif la vermine grouillante la saleté
    inévitable les humeurs crachées

C'est par les hôpitaux qui débordent
    les morts au fil de l'eau

C'est par l'alcool à flots qui brûle les corps
    les cœurs qui éteint la souffrance et le savoir

C'est par les crépitements brefs des outils de la mort

Cris désespérés d'un peuple qui s'insurge

Cris incontrôlables qui engendrent la folie dévastatrice
    les débordements iniques et inéluctables

Mais juges qui prétend-on juger ?
Qui prétend-on punir du crime d'exister ?

        …/…

Dans la bourrasque débordante
                enflée au-delà de la nuit
Dans l'incertitude des jours
Dans ce mal-être
Dans ces combats inutiles
Dans les tortures subies les blessures à la dérobée
Dans les croyances mystiques
Les murmures désapprobateurs
Les calomnies

 Cependant c'est ainsi que jour après jour
Nous avons appris les soirs rougeoyants
                        sur les hautes cimes
A l'infini
Au-delà de la mer
Au-delà de la conscience
Nous avons appris les aubes fragiles mal dessinées
Nous avons appris le tumulte les tremblements
                        maladifs de la peur
Le mal de nous
Nous !
Seulement des témoins ?
Seulement des personnages de passage ?
Nullement impliqués dans l'affaire ?
Mais comment renier la couleur de sa peau ?
La honte bue ?
Le goût amer de la connaissance de la culture
            de la supposée supériorité ancestrale ?
Le pouvoir des fusils ?

Nous... C'était par une nuit !...

Des pays de lumières !

Savez-vous que je sais
Des pays de lumière qui sont comme le miel
Des pays de soleil où vivre est une récompense
Savez-vous que je sais
Des plages familières où l'on s'endort
                au creux des vagues sous la garde de la lune
Dans les senteurs poivrées des aromates
Dans le vent coulis qui se glisse dans les rameaux des cocotiers
Dans le concerto psalmodié des galets cristallins
Sous les déferlantes immobiles
Savez-vous que je sais
Des crépuscules flamboyants
Des horizons embrasés
Des nuits luminescentes qui montent des savanes
Des aubes parfumées qui fleurent bon la vanille
Que je reconnais les manguiers où les chauves-souris
                en multitude se disputent les fruits pulpeux
Que j'ai suivi la ravine sauvage où le ruisseau bondit
                de cascades en cascades
Que j'ai baigné mon corps à la rivière pendue au rivage
Et puis je sais les grands vents de la terre qui brûlent
                jusqu'à l'herbe sur leur passage
Des sentiers vagabonds qui s'évanouissent au flanc des mornes
Des fleurs sauvages qui ne se fanent jamais
                qui nourrissent les oiseaux
Des arbres gigantesques perdus dans la nuit des temps

Et puis.. Et puis…
Je sais des journées de farniente où les cœurs bien trop lourds
                pardonnent au soleil

L'espérance

Il est certain pays…
Pays des matins clairs où chantent les cigales
Pays où la lumière éclabousse à grands coups de soleil
Où les nuits étincellent
Les parfums y dévalent les sentes et baignent tous les fronts
Et les monts ceints d'azur permettent l'évasion
Mais dans ces pays-là
Ne sont plus que les soirs
Et les nuits trop obscures
Et puis les désespoirs
Les aurores sont parties au bout des mitraillettes
Les chants se sont éteints
Et la mer tout autour est un vaste profond
Mais dans pays-là
Il n'est plus de pasteurs au milieu des étoiles
Il n'est plus de bambins enfants d'amours heureux
Il est des orphelins vieillis avant leur âge
Qui ne sauront jamais que tenir un fusil

Mais dans ces pays-là…
L'espoir est une graine cachée au fond des bois
A qui un jour les hommes sauront bien donner vie

Le vent

A cris à courre que vient le vent !
L'oiseau tournoie
L'arbre frémit
A cris à courre que vient le vent !
Et qui s'affale aux ardoises grises
Aux toits moussus témoins du temps
A cris à courre que vient le vent !
Et souffle et siffle
Et mord et gifle
Et pousse et tord
Eperdue une girouette…
Au ciel si bas où elle se perd
Et la pluie même ne sait plus si le monde n'est à l'envers
A cris à courre que vient le vent…

La saison de nous

Au ciel en ribouldingue les nuages courraient
J'allais dans mes pieds nus revenant de tristesse
L'humeur acidulée qui me mordaient aux fesses
Dessinait alentour un halo de pitié

Le vent nous assenait à grands coups de bourrasque
Autant que faire se peut sur notre monde en rut
Une pluie de musique de basses en contre-ut
Remous pour un grand Pan suivi d'humeurs fantasques

J'allais dans mes pieds nus depuis tout un été
Enfonçant dans l'humus mes rêves évanouis
Et mes désirs latents qui n'avaient pas mûri
Traces pour une suite comme autant de brisées

Cependant j'étais sûr que la saison de nous
Ne connaîtrait ni froid ni printemps ni automne
Que souffle le grand vent ou que l'orage tonne
Autant vivre sera nous vivrons au mois d'août

Cet aboutissement

C'était bien avant toi
Je n'étais pas encore
J'assumais une vie sans savoir les pourquoi
Je ne savais que moi et ne pouvais qu'y croire
Je n'osais franchir la limite de ma suffisance
Mais j'imaginais ton corps ta voix ta chair
Tu étais ma raison mon attente ma joie…
                              et puis mon désespoir
Souvent je te voyais dans mes nuits insoumises
Et tu étais ma vie et tu étais mon sang
                        ma chaleur mon assoupissement
C'était bien avant toi et je désespérais de te savoir un jour
D'apprendre ton rayonnement de humer sa substance
De connaître ce nous que mes matins désirent
De voir se dessiner jour après jour l'escalade de
                                nos fièvres conjuguées
Je suivais de trop loin et je ne voyais pas ce soleil
Cet aboutissement qui pourtant aurait pu nous confondre
C'était bien avant toi et j'avais peu que tu ne fus déjà
Alors…
J'ai suivi d'azur et de pourpre les chemins pendus au rivage
               où les chevaux de frise escaladent les cieux
J'ai parcouru les plages désertes où les galets racontent
                     aux passants la chanson de la mer
Je me suis égaré dans les sentiers tortueux mal gravés aux flancs
        de qui souvent s'estompe s'ensevelit au cœur du ciel
J'ai voulu tout perdre de toi
Mais ton image ta voix tes gestes ta saveur m'ont suivi pas à pas
Je n'ai pu échapper à l'essentiel
A la vie !
Pour mieux savoir de toi j'ai grimpé aux nuages
Jusqu'à l'aveuglement aux soleils rejaillis

                                        …/…

J'ai questionné la vague l'azur mais ils ne savaient pas

Et pourtant le temps est venu !
A la clarté paisible des sources murmure doucement l'hommage
          sans rider outre mesure la transparente fraîcheur
Essentiellement féconde la terre égrène inlassablement
                        la musicale volupté de nos soirs
Volupté !
Trop décemment nous utiliserons ce droit
Cet avantage naturel
Un tout ! Etre initial !

Le sablier du temps

En vérité je ne vois pas de mur
En ces lieux le bonheur se partage
Au firmament il n'y a que l'azur
Pour ceux qui s'aiment la vie est sans nuages

Le sablier du temps s'est arrêté
L'éternité ne peut plus être un leurre
Ta voix ton corps ne changeront jamais
Et l'horloge ne sonne plus les heures

Si loin qu'on voit l'horizon s'est noyé
Etincelant à grands coups de soleils
L'éclat du ciel offre l'immensité
A ceux qui voient le monde et s'émerveillent

Devant nos pas le futur s'est enfui
L'on n'attend pas que le passé revienne
A notre amour on donne l'infini
Je suis à toi autant que tu es mienne

Soir tropical

Sans même crier gare l'astre du jour a fui
Dans le ciel gris bleuté une lueur tardive
Permet de distinguer mille chauves-souris
Zigzaguant çà et là telles des fugitives

Un bruissement léger descend des hauts palmiers
Balancés doucement par la brise du sud
Victime d'insomnie perché dans le manguier
Un merle énamouré siffle sa solitude

Dans la haie d'hibiscus et de bougainvilliers
Musiciens noctambules à l'ombre obéissants
Insectes et rainettes cachés dans les feuillées
Vont jouer jusqu'à l'aube un concert lancinant

Le loup-garou

Dans le silence de la nuit, bien avant les matines,
Furtivement le loup-garou chemine.
Les nuits sans lune il va, vêtu d'une peau sombre.
Bien peu l'ont vraiment vu car il est comme une ombre.

Les anciens, avertis, m'ont dit en grand secret :
Il court par la campagne, par les bois, par les près,
Répandant la terreur parmi les braves gens.
Il serait paraît-il un suppôt de Satan.

Le soir à la veillée, autour du feu de bois,
Les grand-mères aux enfants racontent ses exploits.
Il aurait dévoré un jour de grande faim,
Un troupeau de brebis entier même le chien.

L'hiver, quand la tourmente s'abat dans les halliers,
Il hurle, doucement, comme par amitié,
Pour les forces du vent, du ciel et de la terre,
Et c'est alors que tous les braves gens se terrent.

Jungle

Je me souviens d'un temps que je n'ai pas connu
D'un temps où l'homme heureux vivait sans trop savoir
Où l'on ne savait pas ce qu'était la vertu
D'un temps où la nature avait tous les pouvoirs

En ce monde de fous où fut inventé Dieu
C'est à celui qui court une vie bien futile
Ne plaignant pas son temps et puis sous tous les cieux
Soumis à la morale qui l'a rendu servile

Je crie ma déchéance d'homme civilisé
Subissant du social le carcan de ses lois
Manants seigneurs prêtres et juges ! Ah société !
Votre échec est total le monde est abois !

Escapades

A l'eau boueuse des ornières il a baigné son front
Il a réchauffé son corps à la terre brûlante des coteaux
Il a mélangé sa tignasse aux herbes folles de la prairie
Et chantent cigales !
Et chatoient papillons !
Et dansent bergeronnettes !
Et sentent bon romarin thym et genièvre !
Epoque fastueuse !
Le serpent a fui dérangé dans son sommeil
Au diable la morale !

Parfois…

Parfois lorsque je m'évade…
J'imagine le désert total sous des nuits luminescentes
Qui n'en finissent plus
J'erre alors dans le néant
La terre n'est plus qu'un vaste plateau
Qui ondule et danse sous le firmament
Seul mon ombre m'a perdu
Mais je connais des étoiles qui m'enseignent
                               la musicalité des soirs
Je poursuis les comètes dans leurs courses flamboyantes
Je sais lire au ciel l'infini
J'entends le chant des nébuleuses
Je m'introduis dans l'intimité du cosmos
Et alors…
Mon moi n'est plus… ou si peu

Parfois lorsque je m'évade…

Au ciel

Au ciel
Aux terres
Au néant
Je cracherai mon nom
Au ciel
Aux terres
Au néant
Je hurlerai ton être
Au ciel
Aux terres
Au néant
Je jetterai tout ce que j'avais su
Je me désapprendrai
J'expulserai de moi l'humeur inoculée
Pour mieux savoir d'instinct
Je baignerai mon corps aux mares de tes yeux
Si grands à s'y noyer
Pour mieux savoir de nous
Et tu me résoudras
Et tu m'absorberas
Et nous irons ensemble
Au ciel
Aux terres
Au néant

Espoir

Dans ce pays de brume où le jour se fait nuit
Où cognent à pleine tête les vacarmes cruels
Dans ce pays de brume où ton corps s'est perdu
Je hume ta substance
Je palpe ta saveur
Dans ce milieu imbibé de ta chair mon moi n'est plus
Mon moi est absorbé

J'irai un jour d'été et de métamorphoses
Imaginer d'azur et de pourpre mêlés
Une suite
Un ensemble
Un désir de toujours
Une musicale volupté
J'irai un jour d'été et de métamorphoses
Apaiser ma soif d'être
Assouvir tes appels

Et tel un brasero ce sera un soleil !

Dimanches

Dimanche de printemps ! Dimanche bleu d'azur !
Oui belle nous irons courir dans la verdure
Je ferai un bouquet de mille pâquerettes
Et je te l'offrirai à toi ma mimosette !

Dimanche de l'été ! Dimanche de soleil !
Qu'il fera bon dormir à l'ombre de la treille
Sur le tard nous irons au bord de la rivière
Taquiner le goujon la truite carnassière

Dimanche de l'automne ! Dimanche nostalgique !
Douce amie de mon cœur viens cueillir des colchiques
Les riches coloris du bois de nos amours
Embelliront nos rêves jusqu'à la fin du jour

Dimanche de l'hiver ! Dimanche de grisaille !
Mais ma toute belle où veux-tu que l'on aille ?
Par si grande froidure restons dans notre nid
C'est venu la saison des amoureux transis

L'âtre

Il faisait si bon près de l'âtre
Il faisait si bon se dorer
Et les flammes semblaient se battre
Pour mieux venir me flatter

Depuis longtemps la chandelle
Avait fondu dans le bougeoir
Et mille formes irréelles
Dansaient follement dans le noir

Un ballet fantasmagorique
Où farfadets lutins et diables
Dans une ronde satanique
Se trémoussaient infatigables

Printemps de mon pays

Quand revient la saison des labours, des violettes,
Les nuées sont absentes et le vent est docile.
A l'aube le soleil timidement émiette
Un semblant de chaleur pendant que se faufile
Derrière la colline une lune endormie.
Fébrilement l'aronde nouvellement venue
Recherche aux toits moussus les restes d'un vieux nid.
Au loin un aboiement par les vallons perçu !
Puis quand l'astre du jour prend un peu de vigueur,
Que l'ombre se retire au profond des forêts,
Alors séchant ses larmes s'épanouit la fleur
Qu'une abeille, timide encore, vient butiner.
Les hommes et leurs servants se sont faits plus véloces,
Dans la plaine fumante ils s'affairent et courent,
Troublant parfois la terre sur leurs engins féroces,
Suivis du hochequeue guettant le ver qui sourd.
Il en sera ainsi durant de longues heures.
La nature qui renaît après un dur hiver
Et l'homme qui se veut un peu plus de bonheur
Donneront tout le jour leurs forces de concert.
Et quand ayant son soûl et que chacun refuse
Un surcroît de fatigue d'amour et de soleil,
Alors revient le soir et sa clarté diffuse,
Apporter du repos pour un prochain réveil.

Soir de l'été

Le soleil qui s'éteint déclin du jour est signe
Sur le vieux banc de bois aux planches vermoulues
Devant notre maison dessous la vierge vigne
Mes parents son assis de fatigue fourbus

Mon père nous raconte son dur labeur du jour
Ma mère semble écouter mais pense au lendemain
Grand-père prête l'oreille car il est un peu sourd
Mon frère s'est endormi son jouet sur son sein

Une faible clarté à l'horizon s'obstine
La fraîcheur de la nuit vient nous envelopper
Le croissant de la lune au firmament chemine
Les étoiles une à une commencent à s'allumer

J'écoute alors la nuit et regarde les cieux
J'écoute le réveil d'un peuple noctambule
Un monde m'apparaît bien trop grand pour mes yeux
Un monde qui s'écrit en lettres majuscules

Un foyer

Une dernière flambée dans l'âtre se consume
La vieille horloge sonne c'est dix heures et demi
Le serin a caché sa tête sous ses plumes
Ma mère tricote encore mon père s'est endormi

Sur mes genoux ronronne doucement Mistigri
Pendant que Médor à quelque beau gibier
Dehors c'est la nuit noire j'entends tomber la pluie
Et le souffle du vent dans les grands peupliers

Chez nous la chaleur règne à la porte l'hiver
Que c'est bon l'atmosphère de ces longues veillées
Au cours desquelles avec les êtres chers
On goûte le bonheur de jouir d'un foyer

Pensées d'un autre temps

Un soleil

Du bout des arbres encore ma dévêtus
Du bout de cette brume qui monte des genêts
Après un bel orage encore mal essuyé
Un soleil !
Orange d'or dans le brouillard craché
Soleil rouge éclaté aux nuages des soirs
Soleil blanc éventré aux mares des sentiers
L'horizon s'est noyé
Ma fenêtre déborde aux courbes distendues
Et ma chambre bulle légère s'est échappée de la maison

L'horizon

Sur les chemins de pleine lune inondés de lumière s'insinuant dans la noirceur du temps, nous avons rencontré la horde des malvenus. A la poursuite de l'impossible, ils cheminaient gaiement. Nous avons traversé le flot la tête haute, fiers de notre indépendance : ne pas se laisser submerger !

Nous allions droit vers l'infini. Pourquoi l'infini ? Parce qu'au-delà de l'infini il y aura des soleils qui ne seront que pour nous. Au-delà de la crédulité, de la bêtise, au-delà de notre gangue de civilisation !

Mais, dès l'aube naissante nous nous sommes laissés surprendre par la bête puante qui rode dans les carrefours. Nous nous sommes laissés entraîner loin des grands chemins que nous avions entrevus et d'où filtrait une clarté insupportable pour les larves geignantes et adipeuses qui s'accrochaient désespérément à nos basques, mais qui s'embourbaient lamentablement dans les ornières des chemins.

Dans ce désert de feu et de sang la bête puante de chaque jour, la bête puante ne nous a pas trompés.

Un soir nous partirons tout de même vers l'horizon !

Après l'horizon, il y aura peut-être une autre vie et nous boirons à pleines bouches à la coupe offerte par les dieux !

Nirvâna

Trop tard, a dit le scrofuleux, je cracherai mes poumons à la face du paradis.
Les sylphes malicieux ont applaudi !
Oui ! Mais que diront les druides ?
Les druides boiront l'hydromel et ne m'importuneront pas durant mes occupations morbides !
Alors les sylphes dansèrent gaiement.
Et le scrofuleux cracha son amertume !
A la face du paradis !
Et que firent les druides ?
Et que dirent les druides ?
Les druides buent l'hydromel et accusèrent le scrofuleux d'inconvenance.
Dites ! Il ne faut pas cracher au paradis !

Mon repos

Dehors la pluie s'éteint et renaît la clarté !
Et renaît le plaisir désormais inutile de ceux qui ne sont plus ce qu'ils avaient voulu.
La rivière charrie l'écume du désir, la saleté d'un monde qui ne sait plus l'amour.
Nantis !
Incendiaires avertis !
Dehors la pluie s'éteint et ressort la charrue qui passe et qui repasse aux entrailles des champs pour ceux qui n'ont plus faim !
Et coulent à flots, l'argent, l'abondance, les plaisirs de la vie, pour ceux qui n'ont plus soif.
Ou qui ne savent pas.
Ou qui n'ont jamais su.
Ou qui ne veulent pas savoir.
Cependant.
Dehors la pluie s'éteint et l'oiseau est heureux. Il vole et puis revole et picore et s'endort.
Le papillon nouveau égaye chaque fleur.
L'enfant court au-devant de ce qu'il croit si beau.
L'arc-en-ciel est venu, fugitif, orgueilleux, embellir un instant le firmament si bleu.
Et le soleil à flots envahit mon repos…

Viscéral

    Le jour trop bleu s'insinue rampe s'aplatit enfle démesuré rallume les désirs et répand sa clarté
    Les cœurs qui sont trop las pour vouloir à nouveau subissent sa chaleur
    C'est ainsi que le fou hurlant hideux d'amour dissolu reniflant humant de ses narines humides les effluves des femelles en rut a desservi d'autrui le désir
    Pourtant bavant le stupre éjaculant l'amour criant de trop jouir il fut
    C'est ainsi que le plaisir s'écrasa comme une émasculation brutale comme un crachat visqueux sur une desserte d'apparat

    Et ces messieurs dispersèrent à tous les vents de la terre le meilleur d'eux-mêmes
    Recueillis !

Mysticisme

Dans les lugubres ténèbres
Dans l'aveuglante clarté
Sous le vent froid sous le vent chaud
Dans le bonheur dans la souffrance
Etre misérable perdu dans l'infini du cosmos
Tu vas ton chemin de croyances séniles
Le labyrinthe de la route que tu t'es créée
Serpente lamentablement dans une vallée de larmes
Larmes de sang ou de joies maladives ?
Retrouveras-tu jamais ton chemin ?
Retrouveras-tu jamais le giron de celle qui t'a
                                  engendré ?

Au soir de mon labeur quand viendra la saison
Quand viendra la saison où tout n'est que poussière
Peut-être accorderai-je hélas une prière
A celui qui pourtant nous a pris la raison ?

Caravane

L'horizon happé par l'azur a disparu du concret
Raisonnablement le désert a murmuré l'appel
La caravane s'est échelonnée sans fin sur les sommets neigeux
Le caravansérail hurlant d'amour a propulsé ses vertus
                 dégénérées vers les seigneurs d'au-delà
Incommensurable l'infini ondoyante et les vices maléfiques se
                 sont unis dans une œuvre démentielle
Démarche magnifique ou stupide folie ?
Incertitude du hasard déambulatoire !
Découverte de l'oasis providentiel !
Descente au Walhalla par l'oued bienfaiteur !
Les vénus ont dévêtues leur pudeur
Eperdus de désir les grands arbres ont succombé sous l'assaut
                 des mouches à miel

La caravane passe mais les chiens n'aboient guère !

Mieux vaut en rire

Pauvre Cécile

Cécile est seule en son logis
Depuis qu'Aimé s'est fait la malle
Avec la nurse Mélanie
En son logis Cécile a mal
Il aimait mal Aimé sa mie
Qui devant la nurse a déchu
Pour Aimé cette Mélanie
De nounou en mie s'était mue
Il l'avait séduite au jardin
Où elle gardait sa marmaille
S'étant dit en voyant son sein
Il n'y a que Mélanie qui m'aille
C'est vrai que Cécile avait cédé
Au Jules de Berthe la souillon
Cette dernière s'était hâtée
De rameuter tout le canton
C'est sûr Cécile avait du tort
D'autant d'ailleurs que c'est ainsi
Qu'elle refila ! Quel coup du sort !
Les poux de Berthe à Mélanie
Aimé qui n'avait pas d'écus
A laissé Cécile sans un sou
Pour vivre elle doit vendre au surplus
Ses fringues et même ses dessous

Ils sont partis pour la Sicile
En son logis laissant Cécile
Il avait oint sans pingrerie
De marie-rose Mélanie

L'oryctérope

Connaissez-vous l'oryctérope,
Ce bien curieux animal,
Qui dans le sol comme les taupes
S'enfouit au moindre signal ?
Son aspect n'est pas très banal,
On ne peut pas dire qu'il est beau,
Sa queue paraît presque anormale,
Et il a un très long museau.
L'oryctérope est fourmilier,
C'est là son plus petit défaut,
Bien entendu il ne peut nier
Que ses goûts n'ont rien de normaux.
Où termites et fourmis sont
Chaque nuit, quittant son biotope,
Il se rend pour un gueuleton.
Précisons qu'il est nyctalope,
Comme les chouettes et les chats sont,
C'est pourquoi dans l'obscurité
Il ne se meut pas à tâtons,
Quand il sort pour gueuletonner.
Le matin dès le point du jour
Il regagne son habitat
Sans hésitations ni détours
Et sans le moindre faux-pas.
Tout comme les vieux misanthropes
Il reste cloîtré dans son trou.
C'est ainsi que l'oryctérope
N'est pas social pour un sou.

La noce à Nice

J'arrive de Nice ! De la noce !
De la noce d'Alice ! D'Alice et d'Anicet !
Anicet c'est un vieux copain de lycée,
Et Dieu sait quel ami c'est !
Elle, elle est modèle à Nice, Alice.
Parfois, pour une revue,
Elle pose dévêtue,
Ne craignant pas sans malice
Et n'y voyant aucun vice
De montrer ses appas nue.
Et c'est ainsi qu'Anicet fut
D'amour pour elle éperdu
Quand en image il la vit.
Par bonheur subséquemment
Le coeur de la belle il conquit
Et ils devinrent amants.
Mais à leur noce folle ivresse !
J'ignorais telle allégresse !
Le pastis coulait à flots, le pastis de beau-papa,
Le beau-papa d'Anicet, marchand d'anis distillé.
Coralie, ma cavalière, que là-bas on dit stylée
Du fait qu'elle est mannequin,
Avait de pastis trop abusé et était ivre un tantinet.
Car le pastis de Nice est rosse, il faut savoir le doser.
Elle a voulu que nous dansassions.

Quoique j'abhorre ces sensations, c'est cependant sans cesser, serait-ce qu'un arrêt succinct, que sensuellement enlacés, jusqu'au clair petit matin, nous avons valsé, valsé ! J'avais plus ma tête à noce !

Ah ! Quel mariage !
Garçon ! Un Ricard !

Tante Emma

Emma la sœur de papa,
Veuve d'un certain Aimé,
Que paraît-il elle aima,
Bien qu'il l'eut fort mal aimée,
En son logis est bien seule.
Afin de mettre en respect
Tous ceux qui aux veuves veulent
Afficher trop d'intérêt,
Tante Emma fait du judo.
C'est un sport très à la mode,
Chaque semaine au dojo,
Elle en apprend tous les codes,
Asséner un atémi,
Ou bien porter une clé.
Bien sûr sur le tatami,
Un kimono tata met,
D'une ceinture elle se ceint,
Qui n'est pas noire pour l'instant
Mais dont sûrement le teint
Le sera rapidement,
Une fois passés les katas,
Ce brevet des judokas,
Mais elle est têtue tata.
En tout cas elle ne craint pas
Ces soi-disant candidats
Trop souvent indélicats.
C'est ainsi que tante Emma
Est une vraie judoka.

L'éléphanteau

Qu'il fasse froid qu'il fasse chaud
L'éléphante au petit matin
Doit allaiter l'éléphanteau
Ce sacré petit galopin
Barrir dès l'aube elle l'entend
Elle sait alors qu'au plus tôt
Elle doit calmer le garnement
Cet insatiable éléphanteau
Déjà quatre jours plus tôt
Quand dans la savane il naquit
On avait ouï son vibrato
D'éléphanteau inassouvi
Et depuis sans cesse son sein
Son nourrisson sollicite
Et pas question de mettre un frein
A son appétit sans limite
Attendons encore se dit-elle
Qu'il gambade dans le pacage
Et dédaigne un peu mes mamelles
Pour s'intéresser à l'herbage

L'émeu

Alors qu'il était au zoo
Aimée découvrit l'émeu
Ayant constaté que l'oiseau
Etait un peu trop belliqueux
Il se dit à juste raison
Si haineux est ainsi l'émeu
C'est qu'il n'est plus dans son cocon
Son pays si loin de ces cieux
Naturellement oiseau sans ailes
Il ne peut guère s'envoler
Ainsi que le fait l'hirondelle
Pour revenir où il est né
Arracher ainsi de son nid
Un volatile point ailé
Mériterait d'être puni
Celui qui l'a expatrié
C'est pourquoi Aimée fut émut par l'émeu

Mon ami Henri

Avec Henri j'ai mis les ris
Pour une île d'Océanie
Mais à vrai dire avec souci
J'envisage cette sortie
Et je crains quelques avanies
Parce qu'Henri d'ailleurs j'en ris
Bien qu'il soit mon meilleur ami
Confond sans cesse grand foc et spi
Cependant c'est un érudit
Il connaît tout sur les écrits
Des savants et des grands esprits
Comment ne pas être séduit
Par un tel intime averti ?
Finalement moi avec lui
J'irai tout de même à Tahiti

Notre époque

La langue de chez nous

- En live dites-vous ? Il est donc bien vivant ?
- Absolument, et c'est en prime qu'on l'entend !
Et ce n'est pas un scoop, il est au hit-parade !
Son avenir sûrement, une vraie autostrade !
Certes, c'est entendu pour être grande star !...
D'autant plus qu'en free-lance, il y a des lézards.
Mais vous remarquerez, dans les derniers sitcoms
Il était très à l'aise, pour moi c'est un symptôme.
- Ah ! Je n'ai pu le voir, à cause de ma moitié,
A la télévision, elle ne fait que zapper.
Elle préfère les remakes ou bien les interviews.
Moi, c'est les one man show que je préfère surtout.
Bien sûr ce que l'on voit quelquefois en best-of,
Et puis de temps en temps de rares making of.
Donc pour en revenir à notre gentleman,
C'est bien qu'il n'emploie pas le jargon anglican.
- Moi j'ai beaucoup aimé son tout dernier single
Il est vraiment pleasant et il a de la gueule.
- Et lui au moins on sait qu'il est bien de chez nous
Ce qu'il chante est audible, on comprend presque tout.
- Il faut rester français, c'est notre territoire,
Et il faut conserver la langue du terroir.

Le pacte

Plusieurs pays voisins, du même continent,
Du fait de leurs tribuns de nature belliqueux,
Se livraient trop souvent à maints affrontements,
Sans se soucier du bien des humbles et des gueux.

Or il advient qu'un jour, des élus estimables,
Las de tous ces combats pour un oui, pour un non,
Décidèrent d'associer pour une paix durable
En une communauté les peuples et les nations.

Tous ayant adhérés, ce projet vit le jour,
Et l'on s'achemina vers ce qui paraissait
Une entente parfaite et pour un long parcours,
En dépit de certains pour le moins circonspects.

A vrai dire ces derniers n'avaient pas vraiment torts,
Car les capitalistes, à l'affût du profit,
Saisirent l'occasion de faire des affaires d'or,
Mettant en quarantaine toute philanthropie.

C'est pourquoi si l'emploi des armes n'eut plus cours,
Il y eut des conflits encore plus acharnés,
Et les manants trinquèrent, cocus comme toujours,
Le pacte n'était plus pour dupes qu'un marché.

Les jeux du cirque

La servitude volontaire !
Discours sur la démocratie
Dédié jadis aux prolétaires
Par monsieur De La Boëtie.
Il osait dire que les tyrans
Aux plébéiens donnaient des jeux
Pour les maintenir dépendants
Et les rendre moins ombrageux.
Dans l'arène jadis c'étaient les gladiateurs
Qui livraient des combats parfois jusqu'à la mort
Pour le plaisir des masses qui, en toute candeur,
N'étaient que les jouets de leur imperators.
De nos jours dans les stades, conçus démesurés,
Des prétendus sportifs, riches comme Crésus,
Se disputent une balle avec férocité,
Pour le plaisir des yeux de milliers de gugusses.
Exaltés, ces derniers, trop souvent des prolos,
Oublient qu'ils font le jeu des gros capitalistes,
De leurs thuriféraires suivis de leurs suppôts,
Et puis leur condition d'infortunés lampistes.

    Monsieur De La Boëtie
    Vous n'étiez pas atteint de myopie.

Etre président

Un monarque républicain,
Pour cinq ans élu de bon droit,
Prétendait revenir au sein
Si nourrissant des bonnes lois
Adoptées par ses courtisans
Auxquels il léguait tant et tant.

Suivi de son état major,
Il allait, se montrant partout,
Tellement heureux de son sort,
Jouant parfois les risque-tout,
Il ne songeait pas un instant
Qu'il perdait ainsi de son temps.

Dans l'inconfort des prolétaires,
Ses sujets les plus dépourvus,
Comprenaient mal un ministère
Gaspillant ainsi ses écus,
Et d'autant plus que la gabelle
N'était pas une bagatelle.

C'est ainsi que notre bon roi,
Sans en avoir vraiment conscience,
Se préparait à un renvoi
En dépit de ses accointances.

Moralité, qu'on se le dise,
Si parader popularise,
Ca n'assure pas pour autant
Le bon train du gouvernement.

Lotos et autres jeux

Un jour faisant ses comptes, un homme encore aisé,
Suite à des soustractions pour taxes et impôts,
Constata que sa bourse peu lourde ne pesait,
Comme tout un chacun il restait un gogo !
Victime de ses rêves, il eut alors l'idée
Comme beaucoup déjà de gagner le Pérou.
Il suffisait pour ça simplement de miser,
Pas beaucoup chaque fois, seulement quelques sous,
Puis gratter un carton, choisir un numéro.
Cependant bien souvent, jouer n'est pas gagner,
Et le chemin est long jusqu'à l'Eldorado.
Alors renouvelant maintes fois ses essais,
Notre homme dégarnit encore plus sa cassette.
Il ne se doutait pas qu'ainsi il s'associait
A tous ces ingénus victimes des proxénètes.
Il fallut bien qu'un jour l'évidence apparaisse,
Il avait été pris dans les rets des filous,
Le sort était hostile, il fallait que ça cesse,
Mais il était trop tard, il n'avait plus de sous.

Libre enfin

Liberté ! Liberté chérie !
On la chante sur tous les tons,
Le populo et les nantis,
Mais pas pour la même raison.
La plèbe, cela va de soi,
Apprécie son indépendance.
Mais pour ne pas être à l'étroit,
Il faut un minimum d'aisance,
Ce qui n'est pas toujours le cas.
Par définition l'ouvrier,
Et bien entendu les parias,
Sont plutôt mal rémunérés.
Quant à ceux qui sont au sommet
Et qui détiennent le pactole
Ils ne sont pas handicapés,
En tous lieux ils ont monopole.
En outre, il est bon de noter,
Qu'ils ne craignent pas d'asservir
Encore plus les déshérités,
Ceux qui se laissent assujettir.

Soyez donc résolus à ne plus servir et vous serez libres.
Toujours Etienne De La Boêtie !

Soyons républicain

Egalité ! Fraternité !
Tout comme le mot liberté,
Au front de certains édifices,
Mairie, palais de justice,
En toutes lettres ils sont gravés.
Mais tromperie en vérité !
Il suffit de voir dans la rue
De malheureux individus,
Lovés sur un coin de trottoir,
Tendre la main avec l'espoir
D'obtenir quelque vil argent
Pour se payer des aliments
Ou bien dans le but d'oublier
Leur état de déshérité
Pour s'offrir un litron de vin
Mais accélérer leur déclin.
Alors que, pendant ce temps-là,
Dans des palais des potentats,
N'ayant pas le moindre scrupule,
Se goberge et accumulent
Les richesses et les avantages
Et se refusent à tout partage.

Egalité ! Fraternité !
Deux mots qui ne font que rêver.

La République !

L'an mille sept cent quatre vingt neuf !
L'abolition des privilèges !
Ce n'était pas un coup de bluff
Mais plus tard il y eut des pièges.
C'est ainsi qu'on vit par la suite,
De nouveaux rois en empereurs,
Revenir à grands pas bien vite,
Des gouvernements profiteurs.
De nos jours ça n'a pas changé,
Si le roi est républicain
D'évidence il a oublié
Le peuple mais pas les copains.
Si la cour n'est plus à Versailles
Elle n'en a pas pour autant
Eté supprimée du sérail
Conservant ses antécédents.
Et puis quant aux émoluments,
Ils ne sont pas en chute libre
De jours en jours se décuplant,
Que voulez-vous il faut bien vivre !
Dans tout ça, et la plèbe alors ?
Elle subit et se résigne
Acceptant malgré tout son sort
Même s'il en est qui trépigne.

Ils ne sont grands que parce que nous sommes à genoux !
Encore une citation de Monsieur De La Boëtie.

Les Salaires

Salaires, appointements, courtages, traitements,
Pécules ou dividendes ! Maintes appellations
Désignant la manière de toucher de l'argent,
Pour beaucoup quelques sous, pour d'autres des doublons.

Bien entendu la plèbe se contente de peu,
Heureuse d'obtenir à chaque fin de mois,
En dépit d'un ouvrage souvent très laborieux,
Une modeste somme, paiement de son emploi.

Ceux qui ont eu la chance d'accéder au sommet,
Soit par leurs compétences ou bien par héritage
Ou alors qui ont su les seigneurs courtiser,
Sont amplement pourvus avec moult avantages.

Ne parlons pas de ceux qui se trouvent en haut,
Ils ne peuvent savoir les deniers qu'ils perçoivent,
Pour eux rien n'est jamais ni trop grand ni trop beaux,
Et veulent ignorer ce que aux autres ils doivent.

Empochant des cachets parfois exorbitants,
Nous avons les artistes qu'on voit au cinéma
Ou bien à la télé, pas les intermittents
Qui, malgré leur talent, n'auront qu'un reliquat.

Pour mémoire citons les supers pros du stade,
Les étoiles du sport, souvent cosmopolites
Qui encaissent les écus jusques à l'estouffade.
Ca ne durera pas alors en ils en profitent.

Depuis toujours on sait que sur notre planète
Point n'est d'égalité malgré maintes requêtes.
Verra-t-on donc un jour un peu plus de partage ?
Simple vue de l'esprit et qui n'est qu'un mirage ?

Le petit écran

Si l'on parlait d'informations
Disait un quidam averti
Qui, féru de télévision,
Avalait tout sans garanti.
Il prétendait donc tout savoir
Grâce à la petite lucarne,
Regardant du matin au soir
Tout ce qu'en principe elle incarne.
De la télé réalité
A tout interview des peoples
Et il demeurait bouche bée
Devant l'émission la plus veule.
Il prenait tout argent comptant.
Assurément il ignorait
Que les lobbys omnipotents
Avaient main mise sur la télé
Et orientaient les opinions
Dans le but, cela va de soi,
De les mettre à leur diapason
Au mépris de la bonne voie.
Et pire encore ces malfaisants,
Pour mieux accrocher les gogos
De la culture se moquant,
Dévalorisaient le niveau.

Eh oui ! Comme ceux de Panurge,
Tous les jours, crédules moutons,
Après le dîner, et ça urge,
De la télé on est pigeon.

Les supermarchés

Aux temps passés la ménagère
Chaque jour faisait ses emplettes.
Chez le boucher ou l'épicière
On la servait à sa requête,
Et elle mettait dans son panier,
Une fois qu'ils étaient pesés
Les produits qu'on lui détaillait.
Point alors de supermarchés
Avec barquettes en rayons
Ou bien des briquettes de lait
Et du fromage en portion.
Tout cela bien empaqueté,
Avec grand renfort de plastique,
Au mépris de la pollution
Engendré par cette pratique
Et dont nous tous nous pâtissons.
Naturellement ces foirails,
Enormes établissements
Ont provoqué la mise hors rails
De tous les commerces d'antan.
C'est pourquoi le moindre chaland
Est pratiquement obligé
Pour ses achats, et c'est navrant,
De se rendre au supermarché.
Ce dernier, fort de son emprise,
Peut pratiquer à tout venant
Les meilleurs prix pour son église
Car il n'a plus de concurrents !

La pollution

Combien sur terre sommes-nous ?
Sept à huit milliards nous dit-on !
Chiffre donnant un avant-goût
Des problèmes tous horizons,
Autant sur le plan nourriture
Que sur celui du logement,
De la santé, de la vêture,
Donnés par ce pullulement.
Et puis la modernité
Qui procure à tout un chacun
D'agréables facilités
Mais quelquefois inopportuns.
Tous d'abord des habitations
Que l'on construit un peu partout
Négligeant la situation
Provoquant du ciel le courroux.
Ou bien d'anciens pâturages,
En violant l'espace rural,
Au mépris du désavantage
De tout l'ensemble pastoral.
Et puis la culture intensive
A grands renforts de pesticides,
Pour, exigence impérative,
De denrées l'obtention rapide.
Bien entendu la conséquence
Funeste de tous ces apports
C'est la destruction sale engeance,
De la vie peuplant le décor.

C'est ainsi que population
Rime fort avec pollution.

Les libéraux

Libéralisation ou bien libéralisme !
Termes que l'on entend souvent dans les chaumières
Et qui donnent à penser, avec de l'optimisme,
A ce que l'on attend depuis des millénaires.

En fait les libéraux, gens de bonne créance,
Sont souvent dépassés par les événements,
A vouloir libérer sans trop de pertinence,
Ils en viennent parfois à des débordements.

Que ce soit sur les prix, les mœurs ou bien la presse,
On libère à tout va et sans contrôles aucuns,
Permettant à certains qui, sans délicatesse,
Outrepassant leurs droits, deviennent importuns.

Ne parlons pas des firmes internationales,
Elles ont très vite su saisir la balle au bond
Pour faire des affaires apparemment légales
Et de leurs dirigeants arrondir les actions.

C'est ainsi que beaucoup oublient que pour chacun
Il n'est de liberté que si elle n'entrave
Celle de leur prochain qu'il soit ou blanc ou brun,
Et que le temps n'est plus ou l'homme était esclave.

Les nouveaux chalands

Jadis dans le village, monsieur l'instituteur,
Tout comme ces messieurs le maire et le curé,
Se trouvait sur les rangs des citoyens d'honneur
Et partout sa présence était très appréciée.
A l'école ses élèves apprenaient leurs leçons
Sans trop qu'il intervienne avec sévérité,
Même si quelquefois, méritant punition,
Deux ou trois garnements il devait sanctionner.
C'est alors que souffla, venant des Amériques,
Un vent qui apportait quelques transformations
Dans l'art de pratiquer l'enseignement laïque
Et surtout le système de notre éducation.
D'après cette doctrine, l'enfant déclaré roi,
Pouvait tout se permettre et même parader,
Au mépris du civisme outrepasser ses droits
Narguer toute morale, pourquoi pas s'en moquer !
Naturellement l'école, lieu le plus fréquenté,
Devint l'endroit rêvé pour toute la jeunesse,
Pour exprimer sa morgue, du maître se gausser,
Et à coup sûr montrer son indélicatesse.
Mais ils intéressaient
 l'empire des gros marchands
Qui avaient deviné l'énorme potentiel
De ventes en tous genres à ces jeunes chalands,
Peu soucieux des parents dégarnir l'escarcelle.

Eh oui ! Il fallait y penser
De prendre en considération
L'importance sur le marché
Des jeunes et de leurs pulsions
Il suffisait de les émanciper.

Courir

Monsieur De La Fontaine avait écrit jadis :
Rien ne sert de courir, il faut partir à point.
De nos jours on peut dire, et sans trop de malice,
Que tout le monde court, par toujours pour très loin.
On court pour la vitesse, on court pour de l'argent,
Dans les rues, sur les stades, victime d'un mirage,
Ou bien en escomptant ne pas perdre de temps,
La moindre petite heure ayant son avantage.
Et puis partir à point, c'est peut-être un atout,
Encore faut-il avoir un bon point de départ,
Et puis bénéficier de tous les garde-fous,
Sinon le risque est grand de prendre du retard.
Dans la vie, bien souvent, c'est le sort d'un grand nombre,
Ils partent sans souci, convaincus de percer,
Mais n'étant pas bien nés, ils resteront dans l'ombre,
N'ayant pour avenir que la médiocrité.
Courir pour triompher, être toujours devant,
A peine prétentieux, c'est un projet qui sied
Aux messieurs de la haute et tous les dominants
Qui veulent à tous prix un beau titre princier,
Seulement il en est qui sont pris de vitesse,
Ingurgitant au propre ainsi qu'au figuré
La drogue et le pouvoir sans indélicatesse
En voulant trop remplir le coffre et l'encrier.

Le sport et la santé

Depuis toujours on sait que la culture physique
Procure à l'être humain un corps solide et beau.
Danser, courir, sauter, faire de la gymnastique,
Travailler les biceps, les muscles abdominaux.
Tant et tant d'exercices auxquels beaucoup s'emploient
Afin de rester jeunes et en bonne santé.
Mais seulement certains veulent faire des exploits,
S'affronter dans l'arène, pourquoi pas triompher.
Alors pour affirmer toujours plus sa valeur,
On se livre encore plus à des entraînements
Qui deviennent alors pire qu'un dur labeur.
Mais que ferait-on pas pour être le plus grand !
C'est ainsi qu'on en vient à d'immondes remèdes,
On prend des médecines, des produits illicites,
Enfin des subterfuges pour l'emporter qui aident,
Mais si l'on est gagnant on court à la faillite.
Eh oui ! C'est l'avenir que se préparent les pros !
Devenir milliardaires grâce à leurs coups d'éclats
Mais qui semblent ignorer que, baissé le rideau,
Vieux avant leur âge, la faux les attendra.
Monsieur De Coubertin en son temps avait dit
Que surtout l'important c'est de participer.
Il voulait simplement nous donner son avis
Sur la manière pour tous d'être en bonne santé.

Le plus beau

Dans la lignée de ceux qui cultivent leur corps,
Monsieur body-building s'entraînant à tout va
En salle de muscu multiplie ses efforts
Ne plaignant pas sa peine pour avoir des gros bras,
D'énormes biscoteaux qu'il lui faut à tous prix,
Non pas pour s'en servir à fin de performances,
Mais pour les exhiber avec effronterie
Au mépris de réserve et avec suffisance.
Effets de la gonflette et de potions miracles
Ses muscles boursouflés ne sont qu'un trompe-l'œil,
Ne lui servant qu'à croire qu'il se trouve au pinacle,
Et, roi de l'Univers, il est bouffi d'orgueil.
Même si l'on s'étonne de sa musculature,
En vérité ses poses provoquent la risée,
Du colosse Héraclès c'est la caricature
Et il ne marchera jamais sur ses brisées.